L'IDÉE

DE

L'ARBITRAGE INTERNATIONAL

EST-ELLE UNE CHIMÈRE?

PAR

CHARLES RICHET

Directeur de la *Revue Scientifique*.

Extrait de la *Revue Internationale de Sociologie*,
4e année, N° 5. — Mai 1896.

PARIS

V. GIARD & E. BRIÈRE

LIBRAIRES-ÉDITEURS

16, RUE SOUFFLOT, 16

1896

L'IDÉE

DE

L'ARBITRAGE INTERNATIONAL

EST-ELLE UNE CHIMÈRE?

PAR

CHARLES RICHET

Directeur de la *Revue Scientifique*.

Extrait de la *Revue Internationale de Sociologie,*
4e année, N° 5. — Mai 1896.

PARIS

V. GIARD & E. BRIÈRE

LIBRAIRES-ÉDITEURS

16, RUE SOUFFLOT, 16

1896

L'idée de l'arbitrage international est-elle une chimère ?

Le temps n'est pas très éloigné où l'hypothèse d'une paix perpétuelle paraissait une conception enfantine, digne d'aller se ranger parmi les folies ridicules qui ont par-ci par-là hanté quelques cerveaux impuissants, comme la quadrature du cercle, le mouvement perpétuel ou la pierre philosophale. Résoudre les guerres par des tribunaux d'arbitrage, substituer à l'état de violence l'état de justice, cela semblait tout aussi absurde que d'escalader la lune ou de coloniser Sirius.

Aujourd'hui, grâce à l'énergie de quelques hommes passionnés pour le bien, grâce aux progrès de l'opinion, grâce peut-être aussi à l'armement perfectionné dont les effets seraient effrayants, et au service militaire universel qui pèse sur les grands comme sur les petits, un revirement s'est fait. Assurément on n'est pas convaincu encore qu'on peut fonder un état social et international sur la justice, et non sur la force; mais on reconnaît pourtant que cette espérance n'est pas ridicule. On pense peut-être que c'est impossible, mais on avoue que cette impossibilité doit être démontrée et n'est pas évidente en soi.

En outre, un autre grand progrès a été fait, et celui-là nous paraît considérable. On est unanime à reconnaître que la guerre n'est pas la forme sociale idéale; on sait qu'elle amène des maux sans fin, que la vie de plusieurs centaines de milliers d'hommes n'est pas une quantité négligeable, que les armements énormes ne contribuent pas d'une manière efficace à la richesse d'un pays; et on avoue même que, dans quelques siècles, on s'étonnera justement de notre prétendue civilisation qui comporte tout ce cortège barbare d'instruments de massacre. Certes oui, tout le monde est de cet avis, et on ne rencontre plus de partisans de la guerre. Tout au plus quelques esprits paradoxaux prétendent que c'est une école de hautes vertus; mais les hommes d'esprit qui défendent cette bizarre opinion sont si isolés qu'on n'a vraiment pas besoin de compter avec eux.

Nous n'essaierons donc pas de développer cette notion vulgaire, acceptée par tous, par ceux qui pensent comme par ceux qui ne pensent pas, que la guerre est chose néfaste, et qu'il est bon de la combattre. Nous allons seulement essayer de prouver qu'en matière sociologique la chimère d'aujourd'hui est la vérité de demain, et que la vérité d'aujourd'hui était la chimère d'hier. C'est là sans doute une banalité, mais une banalité qu'on oublie très volontiers et que, par conséquent, il est bon de redire souvent. Nous sommes tellement enfoncés dans les nécessités quotidiennes de la vie que nous ne nous rendons pas compte des phases successives par où nous avons dû passer pour arriver au point où nous en sommes. Nous vivons au jour le jour, sans nous soucier d'un passé, même très proche, ou d'un avenir qui est très proche aussi; passé et avenir très différents de l'état actuel; et nous nous imaginons que de tout temps les choses ont été conformes à ce qui est devant nos yeux.

Pourtant il n'en est pas ainsi, et notre état social, si doux relativement au passé, est prodigieusement défectueux vis-à-vis de l'avenir. Hier il était très différent, et demain il sera très différent encore. Nous sommes placés entre deux sociétés, celle qui nous précède et celle qui nous suit, qui ne ressemblent pas à la société présente, et il est étrange de voir à quel point nous méconnaissons ces variations; car nous agissons tous comme si nous étions persuadés que la société a toujours été telle qu'elle est à présent, et qu'elle continuera toujours à être la même.

Les vérités sociales et morales qui nous paraissent élémentaires ont été pourtant considérées par nos pères ou nos grands-pères comme des utopies, des rêves, des fantaisies, des chimères. De même assurément ce qui paraît aujourd'hui être fantaisie, utopie, rêve et chimère, dans quelque temps sera la vérité. On s'étonnera alors que nous n'ayions pas su considérer notre situation actuelle comme grossière, barbare et transitoire.

Voyons en effet quelles sont les bases de notre état social. C'est d'abord ce grand principe qu'il ne faut pas se faire justice soi-même, et que, s'il y a dissentiment entre deux citoyens, c'est un tribunal, composé d'hommes impartiaux et désintéressés dans la question, qui tranchera le différend. Pourtant il fut un temps où de pareilles institutions ont paru évidemment chimériques. Comment parviendrez-vous, disait-on, à empêcher deux individus qui se haïssent de se battre et de s'entredéchirer? Et nous n'avons pas besoin de remonter à l'âge de la pierre polie pour trouver l'usage de la guerre entre les citoyens. Il y a peu de siècles existait encore le jugement de Dieu. Le duel, qui persiste malgré les règlements et les lois, est un vestige de cette sauvagerie ancienne. Il est vrai qu'on l'a tellement adouci qu'il est devenu à peu près inoffensif, et que des journalistes qui se battent ne se font même pas d'égratignure. Les témoins sont des maladroits s'ils ne prennent pas toutes les mesures admises, et même requises, pour empêcher l'effusion du sang. Dans quelques pays, par exemple en Angleterre, le duel est devenu ridicule, et il a suffi de quelques spirituelles paroles d'un grand seigneur pour le remettre hors d'usage, car il était vraiment condamné déjà dans les mœurs.

La société a donc résolu ce terrible problème, d'empêcher les violences entre les particuliers. Des milliers d'individus vivent en paix; et cette paix est presque un miracle qui se renouvelle chaque jour. On a pu réussir à faire vivre côte à côte, sans rixes, sans batailles, les hommes d'une même ville, acharnés les uns et les autres à la conquête de leurs moyens d'existence, divisés par les passions, les intérêts, les amours-propres, plus implacables que les intérêts; et la bonne harmonie n'est pas troublée : car les mœurs, les tribunaux, les gendarmes, les lois et tout l'attirail de la force publique sont là pour imposer un ordre qui naguère eût paru impossible.

L'esclavage n'est pas de date ancienne. Il n'y a pas plus de trente ans qu'il était consacré par les mœurs et les lois dans les deux plus grands pays du monde, aux États-Unis et en Russie. Ce qui nous semble monstrueux était, il y a trente ans, considéré comme normal et nécessaire. Les serfs, en Russie, et les nègres, en Amérique, pouvaient être vendus, pendus, martyrisés, sans que la loi eût rien à dire. On prédisait que la suppression de l'esclavage entraînerait les plus effroyables cataclysmes. Pourtant, dans l'immense Russie, un trait de plume a anéanti l'esclavage; en quelques heures il avait disparu. Aux États-Unis, il a fallu pour le faire cesser une guerre cruelle, mais il aurait pu tout aussi bien disparaître sans guerre.

Et alors, aujourd'hui que l'esclavage n'existe plus, nous ne pouvons plus supposer que cet état barbare a été triomphant si près de nous. Enveloppés dans l'atmosphère du présent, nous ne parvenons pas à restituer mentalement le passé. Cette invraisemblable chimère de la suppression de l'esclavage s'est effectuée sans effort, et elle a si bien passé dans les mœurs que nous avons quelque peine à comprendre qu'en 1860 il y avait, dans le monde soi-disant civilisé, cent millions d'esclaves.

La torture dans les procédures judiciaires parait bien démodée ; mais, il y a un siècle et demi, elle était très correctement appliquée. Or qu'est-ce qu'un siècle et demi dans l'histoire d'une société ? Rien assurément. Cette époque est très voisine de la nôtre. Mon grand-père m'a raconté qu'on lui avait parlé souvent des fêtes du mariage de Louis XVI, c'est-à-dire d'une époque où on torturait honnêtement les criminels, ou même les prévenus.

Les châtiments corporels ont disparu dans les écoles ; mais y a-t-il longtemps ? Il y a quelques années à peine, ils étaient appliqués dans l'armée anglaise ; et je crois bien que, dans l'armée russe, on les pratique encore.

Nous admettons maintenant comme principe fondamental l'égalité des droits civiques et le suffrage universel ; la supposition d'une lettre de cachet, ou d'un gouvernement irresponsable, nous parait inepte ; mais c'est d'un siècle à peine que date pareille conception des droits politiques de chaque citoyen. Bien plus, il est encore des pays, à demi-civilisés, et à certains égards aussi civilisés que nous, la Russie par exemple, où la notion des droits du citoyen n'existe pas. Il n'a pas fallu cinquante ans pour que l'Europe entière, sauf la Russie, ait admis les principes de notre Révolution, qui a changé de fond en comble les bases du droit politique.

Donc notre état social et notre état politique ne dérivent pas d'une très ancienne succession d'efforts. Des changements réputés chimériques et absurdes se sont accomplis en peu d'années. Oui, peu d'années ont suffi pour établir notre société sur des bases qui nous paraissent iné-branlables, et si solides, que nous sommes tentés de croire qu'elles ont été éternelles.

Si des formes sociales nous passons aux découvertes scientifiques, nous voyons aussi la rapidité presque vertigineuse des changements dans la conception du possible et de l'impossible.

On peut, sans crainte d'être taxé d'exagération, prétendre que tout ce qui est aujourd'hui si simple et si universellement accepté a été regardé comme absurde à une époque antérieure.

Franchir l'espace avec une vitesse de 130 kilomètres à l'heure ; savoir ce qui se dit, en ce moment même, aux antipodes ; prévoir les orages ; fixer les mouvements et les images ; pénétrer la composition chimique des astres les plus lointains ; étudier les animaux qui vivent à huit mille mètres au fond de la mer, et les cataloguer avec précision ; déterminer les âges par lesquels la vie terrestre a passé, et retrouver les traces de milliers d'êtres disparus ; prendre le cours des rivières pour éclairer nos rues et nos maisons, recueillir dans de petites fioles la cause efficiente des maladies, voilà, entre autres résultats, des faits qui auraient, si on eut pu les prédire, mérité les railleries des savants les plus illustres du xviii° siècle.

Il est inutile d'insister, car ce sont là vérités banales que j'aurais honte de développer ici. Pourtant je me contenterai d'un exemple encore, c'est celui du canal de Suez. Que n'a-t-on pas dit à ce propos ? Les niveaux sont différents entre la Mer Rouge et la Méditerranée ; les sables combleront le canal, il n'y aura pas d'eau douce. Que sais-je ? Les ingénieurs, les savants, les géographes ont accumulé les objections pour essayer d'arrêter de Lesseps. Heureusement on n'arrête pas de pareils hommes : il a poursuivi son chemin, sans écouter les néophobes qui lui prédisaient un échec complet. Cette chimère d'un canal réunissant deux mers est devenu une réalité. L'utopie d'hier s'est transformée en la vérité d'aujourd'hui.

On devine où je veux en venir. C'est que le rêve d'une paix perpétuelle est très près de devenir une réalité. Puisque les chimères d'autrefois sont devenues banales, pourquoi n'en serait-il pas de même pour la paix ? Chacun désire l'avènement d'un état social pacifique, au lieu de l'état guerrier d'aujourd'hui. Chacun comprend que la société actuelle est absurde et barbare. Alors il y a lieu d'en conclure ceci : c'est que la paix universelle, cet idéal de tout esprit éclairé et généreux, deviendra un fait aussi réel que le percement du canal de Suez, l'abolition de l'esclavage, la suppression de la torture, le suffrage universel, l'égalité des droits civiques, et l'anesthésie chirurgicale.

Nous péchons par une enfantine timidité dans toutes nos conceptions de l'avenir. Nous ne voulons pas voir ce qui serait évident, si les réalités présentes ne nous masquaient l'avenir. Si nous osions penser davantage, nous saurions considérer notre état social comme essentiellement transitoire, et notre barbarie guerrière comme destinée à succomber à bref délai.

L'organisation d'un vaste système international, résultant de la force des choses, est déjà très avancée, et c'est à peine si nous nous en préoccupons. Il y a un réseau des postes et des télégraphes qui fonctionne d'un bout à l'autre de l'univers, et malgré la différenciation des organismes de toute langue qui le constituent, le service est par-

faitement régulier. Les trains de chemin de fer sont établis d'un pays
à l'autre ; et les transports des voyageurs comme des marchandises
se font sans difficultés, ou plutôt les difficultés que ce transit soulève
ont été résolues par l'accord des compagnies intéressées. Des conven-
tions internationales règlent les droits littéraires dans les différentes
patries, avec autant de précision que s'il s'agissait d'une patrie unique.
Des congrès périodiques réunissent les savants qui s'occupent des
mêmes questions, et tout se passe dans le plus grand ordre et dans
une entente complète. Une commission internationale, dont les travaux
sont vraiment admirables, règle les conditions de l'établissement du
système métrique. On peut prévoir que l'unité, qui existe déjà pour les
chemins de fer, les postes, les télégraphes, le système métrique,
existera bientôt aussi pour les monnaies. Bref, de toutes parts les hommes ont compris le besoin de s'unifier. L'Europe civilisée fait un grand
corps plus homogène qu'un examen superficiel le ferait croire.
L'Amérique lui est devenue très semblable. L'Afrique, qui était, il y a
vingt cinq ans, peuplée de petits États sauvages, dont les noms mêmes
étaient inconnus, est désormais une colonie européenne, et il ne reste
plus d'espaces vacants.

On peut comparer l'état du monde terrestre, au point de vue social,
à l'état de la France au xiv⁰ siècle. Les provinces étaient sans lien,
isolées, et comme détachées de la patrie commune. Il n'y avait même
pas de patrie, dans le sens que nous attachons à ce mot. En deux
siècles tout avait changé de fond en comble, l'unité s'était faite ; et la
France, qui n'existait pas comme organisme, a pris sa personnalité
morale. A notre époque, le mouvement s'accélère ; la concentration se
fait plus rapidement et nous assistons à des progrès surprenants. Le
monde civilisé, qui n'existait pas comme organisme plus que n'existait
la France au xiv⁰ siècle, prend de jour en jour plus de consistance. La
boutade de je ne sais plus quel diplomate grincheux, disant qu'il
n'y avait plus d'Europe, est absolument faussse. Au contraire, l'Europe est à présent une réalité concrète, vivante, agissante, avec toute
sa vaste organisation internationale et son unification progressive.

Or, cette unification aboutira nécessairement à la paix. Tous nous
le voyons nettement, et il ne peut sur ce point exister de désaccord.
Le seul point discutable, et sur lequel, je l'avoue, il faut se résigner
à des hypothèses, c'est le moment même de cet avènement du régime
juridique entre les nations. Il n'y a d'incertitude que sur l'heure de la
libération définitive. Le fait même de cette libération est rigoureuse-
ment certain, et je pense que cette vérité ne peut être contestée.

Il nous appartient à tous, si nous le désirons, — et il n'est pas permis de ne pas le désirer — de hâter cette heure. Avant qu'on eût fait disparaître l'esclavage, on répétait que certainement l'esclavage allait prendre fin, mais on ne faisait rien pour cela. On disait qu'on arriverait à percer le canal de la mer Rouge, mais on s'abstenait de tout effort pour aboucher les deux mers. Eh bien! nous ne devons pas procéder ainsi, et notre tâche est toute indiquée. Sachant, de science certaine, que l'arbitrage international pour régler les différends entre les nations sera bientôt constitué, nous devons tout mettre en œuvre pour activer l'organisation de ce nouvel état social. Nous devons surtout nous rendre compte formellement que ce n'est pas une utopie, que c'est, au contraire, un procédé très simple et très pratique, mis souventes fois en usage, dans les litiges internationaux, et toujours avec succès. Il dépend de nous d'avoir ce petit courage moral, de ne pas suivre les erreurs banales de la foule, qui, suivant une expression très vulgaire, et dont je m'excuse, mais qui rend bien ma pensée, n'y voit pas plus loin que le bout de son nez. Sachons, nous qui, par le fait de notre éducation, avons mission de diriger les idées, voir au-delà. Certes, un peu plus tôt, un peu plus tard, cela ne changera rien au résultat final, et je suis bien tranquille à ce sujet. Mais, en attendant, il y a des hommes, nos frères, nos fils, qui pâtissent; les impôts sont écrasants; une guerre toujours imminente serait un monstrueux carnage. Donc il est bon, il est juste de faire en sorte que l'état de paix constitué par le règlement juridique des conflits entre nations survienne le plus vite possible. Ce n'est pas une chose vaine que d'avoir sauvé trois ou quatre cent mille braves jeunes gens, et il n'est pas digne d'un homme qui pense de s'endormir sur sa confiance en l'avenir quand le présent est néfaste.

L'avenir prochain, l'avenir nécessaire de l'humanité, c'est la paix; mais nous pouvons, par nos paroles, nos actes et nos écrits, rendre ce très prochain avenir plus prochain encore.

Nous serons convaincus que nous ne travaillerons pas dans le vide, si, faisant un retour sur le passé, nous voyons les grands progrès accomplis, progrès que nos pères avaient trouvés chimériques, et qui cependant se sont accomplis presque naturellement, par le développement moral et matériel de l'humanité.

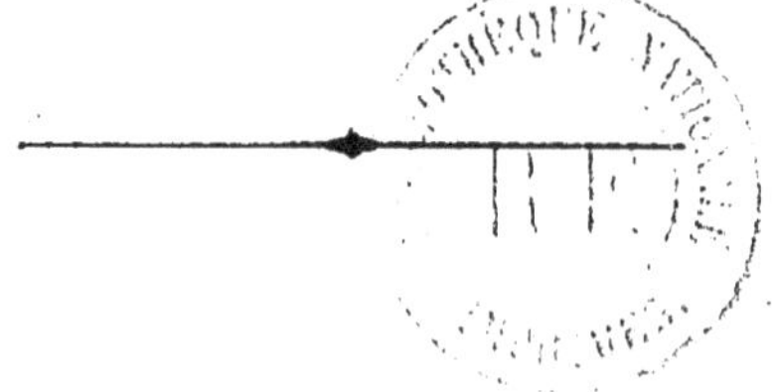

4ᵉ Année. — N° 5. — Mai 1896.

REVUE INTERNATIONALE

DE

SOCIOLOGIE

PUBLIÉE TOUS LES MOIS, SOUS LA DIRECTION DE

RENÉ WORMS

Secrétaire-Général de l'Institut International de Sociologie

AVEC LA COLLABORATION ET LE CONCOURS DE

MM. Ch. Andler, Paris. — A. Asturaro, Gênes. — A. Babeau, Troyes. — M.E. Ballesteros, Santiago. — P. Beauregard, Paris. — R. Bérenger, Paris. — M. Bernès, Montpellier. — J. Bertillon, Paris. — A. Bertrand, Lyon. — L. Brentano, Munich. — Ad. Buylla, Oviedo. — Ed. Chavannes, Paris. — E. Cheysson, Paris. — J. Dallemagne, Bruxelles. — C. Dobrogeano, Bucarest. — P. Dorado, Salamanque. — M. Dufourmantelle, Paris. — L. Duguit, Bordeaux. — P. Duproix, Genève. — A. Espinas, Paris. — Fernand Faure, Paris. — Enrico Ferri, Rome. — G. Flamingo, Rome. — A. Fouillée, Paris. — A. Giard, Paris. — Ch. Gide, Montpellier. — P. Guiraud, Paris. — Louis Gumplowicz, Graz. — M. Kovalewsky, Moscou. — F. Larnaude, Paris. — Ch. Letourneau, Paris. — E. Levasseur, Paris. — P. de Lilienfeld, Saint-Pétersbourg. — A. Loria, Padoue. — J. Loutchisky, Kiew. — John Lubbock, Londres. — J. Mandello, Budapest. — L. Manouvrier, Paris. — P. du Maroussem, Paris. — T. Masaryk, Prague. — Carl Menger, Vienne. — G. Monod, Paris. — F. S. Nitti, Naples. — J. Novicow, Odessa. — Ed. Perrier, Paris. — Ch. Pfister, Nancy. — Ad. Posada, Oviedo. — O. Pyfferoen, Gand. — A. Raffalovich, Paris. — L. van der Rest, Bruxelles. — M. Revon, Tokio. — Th. Ribot, Paris. — Ch. Richet, Paris. — V. Rossel, Berne. — Th. Roussel, Paris. — H. Saint-Marc, Bordeaux. — A. Schæffle, Stuttgart. — F. Schrader, Paris. — G. Simmel, Berlin. — Jules Simon, Paris. — C. N. Starcke, Copenhague. — G. Tarde, Paris. — J.-I. Tavares de Medeiros, Lisbonne. — A. Tratchewsky, Saint-Pétersbourg. — E. B. Tylor, Oxford. — I. Vanni, Bologne. — J.M. Vincent, Baltimore. — P. Vinogradow, Moscou. — R. dalla Volta, Florence. — E. Westermarck, Helsingfors. — Émile Worms, Rennes. — L. Wuarin, Genève.

Secrétaires de la Rédaction : Ed. Herriot. — Al. Lambert. — Fr. de Zeltner.

Abonnement annuel : France, 18 fr. — Étranger, 20 fr.

PARIS

V. GIARD & E. BRIÈRE, ÉDITEURS

16, RUE SOUFFLOT, 16

1896

LIBRAIRES CORRESPONDANTS :

Benda (B.),	à Lausanne.	Loescher & Cⁱᵉ,	à Rome.
Brockhaus (F. A.),	à Leipzig.	Mayolez (O.) & J. Audiarte,	à Bruxelles
Feikema Caarelsen & Cⁱᵉ,	à Amsterdam.	Nutt (David),	à Londres.
Férin & Cⁱᵉ,	à Lisbonne.	Samson & Wallin,	à Stockholm
Gerold & Cⁱᵉ,	à Vienne.	Stapelmohr (H.),	à Genève.
Haimann (Io.),	à Bucarest.	Stechert (G. E.),	à New-York
Kilian's (F.),	à Budapest.	Van Fleteren (P.),	à Gand,
Kramer & fils,	à Rotterdam.	Van Stockum & fils,	à La Haye.

4ᵉ Année.   N° 5.   Mai 1896.

REVUE INTERNATIONALE

DE

SOCIOLOGIE

PUBLIÉE TOUS LES MOIS, SOUS LA DIRECTION DE

RENÉ WORMS

Secrétaire-Général de l'Institut International de Sociologie

AVEC LA COLLABORATION ET LE CONCOURS DE

MM. **Ch. Andler**, Paris. — **A. Asturaro**, Gênes. — **A. Babeau**, Troyes. — **M.E. Ballesteros**, Santiago. — **P. Beauregard**, Paris. — **R. Bérenger**, Paris. — **M. Bernès**, Montpellier. — **J. Bertillon**, Paris. — **A. Bertrand**, Lyon. — **L. Brentano**, Munich. — **Ad. Buylla**, Oviedo. — **Ed. Chavannes**, Paris. — **E. Cheysson**, Paris. — **J. Dallemagne**, Bruxelles. — **C. Dobrogeanu**, Bucarest. — **P. Dorado**, Salamanque. — **M. Dufourmantelle**, Paris. — **L. Duguit**, Bordeaux. — **P. Duproix**, Genève. — **A. Espinas**, Paris. — **Fernand Faure**, Paris. — **Enrico Ferri**, Rome. — **G. Flamingo**, Rome. — **A. Fouillée**, Paris. — **A. Giard**, Paris. — **Ch. Gide**, Montpellier. — **P. Guiraud**, Paris. — **Louis Gumplowicz**, Graz. — **M. Kovalewsky**, Moscou. — **F. Larnaude**, Paris. — **Ch. Letourneau**, Paris. — **E. Levasseur**, Paris. — **P. de Lilienfeld**, Saint-Pétersbourg. — **A. Loria**, Padoue. — **J. Loutchisky**, Kiew. — **John Lubbock**, Londres. — **J. Mandello**, Budapest. — **L. Manouvrier**, Paris. — **P. du Maroussem**, Paris. — **T. Masaryk**, Prague. — **Carl Menger**, Vienne. — **G. Monod**, Paris. — **F. S. Nitti**, Naples. — **J. Novicow**, Odessa. — **Ed. Perrier**, Paris. — **Ch. Pfister**, Nancy. — **Ad. Posada**, Oviedo. — **O. Pyfferoen**, Gand. — **A. Raffalovich**, Paris. — **E. van der Rest**, Bruxelles. — **M. Revon**, Tokio. — **Th. Ribot**, Paris. — **Ch. Richet**, Paris. — **V. Rossel**, Berne. — **Th. Roussel**, Paris. — **H. Saint-Marc**, Bordeaux. — **A. Schæffle**, Stuttgart. — **F. Schrader**, Paris. — **G. Simmel**, Berlin. — **Jules Simon**, Paris. — **C. N. Starcke**, Copenhague. — **G. Tarde**, Paris. — **J.-I. Tavares de Medeiros**, Lisbonne. — **A. Tratchewsky**, Saint-Pétersbourg. — **E. B. Tylor**, Oxford. — **I. Vanni**, Bologne. — **J.M. Vincent**, Baltimore. — **P. Vinogradow**, Moscou. — **R. dalla Volta**, Florence. — **E. Westermarck**, Helsingfors. — **Emile Worms**, Rennes. — **L. Wuarin**, Genève.

Secrétaires de la Rédaction : **Ed. Herriot**. — **Al. Lambert**. — **Fr. de Zeltner.**

Abonnement annuel : France, 18 fr. — Étranger, 20 fr.

PARIS

V. GIARD & E. BRIÈRE, ÉDITEURS

16, RUE SOUFFLOT, 16

1896

LIBRAIRES CORRESPONDANTS :

Benda (B.),	à Lausanne.	Loescher & Cᵉ,	à Rome.
Brockhaus (F. A.),	à Leipzig.	Mayolez (O.) & J. Audiarte,	à Bruxelles
Feikema Caarelsen & Cᵉ,	à Amsterdam.	Nutt (David),	à Londres.
Férin & Cᵉ,	à Lisbonne.	Samson & Wallin,	à Stockholm
Gerold & Cᵉ,	à Vienne.	Stapelmohr (H.),	à Genève.
Haimann (Io.),	à Bucarest.	Stechert (G. E.),	à New-York
Kilian's (F.),	à Budapest.	Van Fleteren (P.),	à Gand.
Kramer & Fils.	à Rotterdam.	Van Stockum & Fils,	à La Haye.

V. GIARD & E. BRIÈRE, ÉDITEURS, 16, RUE SOUFFLOT, PARIS.

BIBLIOTHÈQUE
SOCIOLOGIQUE INTERNATIONALE

PUBLIÉE SOUS LA DIRECTION DE

RENÉ WORMS

Secrétaire-Général de l'Institut International de Sociologie.

Cette collection se compose de volumes in-8°, reliure souple.

Ont paru :

RENÉ WORMS : *Organisme et Société*. Un vol. in-8°, de 410 pages. 8 fr.

PAUL DE LILIENFELD, vice-président de l'Institut International de Sociologie : *La Pathologie sociale*. Un vol. in-8°, de 380 pages. . 8 fr.

Paraîtront successivement :

FRANCESCO S. NITTI, professeur à l'Université de Naples, membre de l'Institut International de Sociologie : *La Population et le Système social*, ouvrage traduit de l'italien, avec l'autorisation de l'auteur (*sous presse*).

ADOLFO POSADA, professeur à l'Université d'Oviedo, membre de l'Institut International de Sociologie : *Théories modernes sur l'origine de la Famille, de la Société et de l'État*, ouvrage traduit de l'espagnol, avec l'autorisation de l'auteur, par FR. DE ZELTNER (*sous presse*).

SIGISMOND BALICKI, associé de l'Institut International de Sociologie : *L'État comme organisation coercitive de la Société Politique* (*sous presse*).

LOUIS GUMPLOWICZ, professeur à l'Université de Graz, membre et ancien vice-président de l'Institut International de Sociologie : *Sociologie et Politique*, ouvrage traduit de l'allemand, avec l'autorisation de l'auteur.

MAXIME KOVALEWSKY, ancien professeur à l'Université de Moscou, membre et ancien vice-président de l'Institut International de Sociologie : *Les Questions sociales au Moyen-Age*.

JACQUES NOVICOW, membre et ancien vice-président de l'Institut International de Sociologie : *Conscience et Volonté sociales*.

JULES MANDELLO, chargé de cours à l'Université de Budapest, membre de l'Institut International de Sociologie : *Essai sur la méthode des Recherches sociologiques*.

Beaugency, Imp. J. Laffray

9 782329 066998